MI PRIMER LIBRO DE MISA

AF278040

4.ª edición

Ernesto Juliá

Bruño

Dirección editorial: Isabel Carril
Coordinación editorial: Begoña Lozano
Edición: Bárbara Fernández
Preimpresión: Equipo Bruño
Diseño de cubierta: Juan Pablo Rada
Colaboración: Trini Marull

© Texto: Ernesto Juliá
© Ilustraciones: M.ª Ángeles Aznar Medina
© Grupo Editorial Bruño, S. L., 2018
Valentín Beato, 21
28037 Madrid

www.brunolibros.es

Primera edición: febrero 2019
Cuarta edición: enero 2026

ISBN: 978-84-696-4544-4
Depósito legal: M-26160-2024

PAPEL DE FIBRA
CERTIFICADA

Printed in Spain

PRESENTACIÓN

Ya has hecho la Primera Comunión y seguro que recuerdas aquel día con mucho cariño. ¡A Jesús le diste una alegría muy grande, pues lo recibiste muy bien preparado! Ahora quiere que celebres con Él la Santa Misa.

No te preocupes si no sabes muy bien qué es la Misa, las páginas de este libro te ayudarán a conocerla y a saber cómo debes acompañar a Jesús.

En casa, con tus padres, y a lo mejor también en el colegio y en catequesis, has leído la Biblia y ya conoces muchas cosas sobre la vida de Jesús. Sabes que nació en Belén, que trabajó como carpintero en Nazaret y que hizo muchos milagros para ayudar a personas que lo necesitaban.

Seguro que recuerdas que el Jueves Santo Jesús celebró la Cena de Pascua con los Apóstoles, la última que iba a compartir con ellos. Se acercaba la hora en que volvería al Cielo, junto a su Padre, pero también quería quedarse en la tierra para siempre, contigo y con todos y cada uno de nosotros.

Durante aquella cena tan especial, Jesús convirtió el pan en su Cuerpo y el vino en su Sangre y, después de que los Apóstoles hubieran comido y bebido, les pidió que hicieran eso mismo para que lo recordáramos siempre.

La manera que tiene Jesús de estar entre nosotros es a través de la Misa, en la que revivimos la Última Cena. ¡Qué manera tan bonita, ¿verdad?!

Desde que Él pidió a sus Apóstoles que repitieran la misma ceremonia en su memoria, todos los sacerdotes celebran la Misa cada día. Así, cuando vamos a Misa, acompañamos a Jesús, que se alegra muchísimo de que no lo dejemos solo en la cruz.

Él ha ofrecido toda su Vida, su Pasión, su Muerte y su Resurrección a Dios Padre y le ha pedido perdón por los pecados de todas las personas, ¡también por los tuyos!, para manifestarte el amor tan grande que te tiene.

Y ahora quiere que le acompañes en la Santa Misa y vivas con Él ese ofrecimiento de su Vida a Dios Padre.

Ernesto Juliá

PARA EMPEZAR...

La Misa tiene varias partes. La primera, o **Rito inicial,** comienza cuando el sacerdote dice:

En el nombre del Padre y del Hijo y del Espíritu Santo. *Amén.*

Y termina cuando reza una oración, después de haber aclamado:

Señor, ten piedad. Cristo, ten piedad. Señor, ten piedad.

La segunda parte, que se llama **Liturgia de la Palabra,** empieza con las lecturas y termina con la oración del Credo y una serie de peticiones a Jesús.

La tercera parte, la **Liturgia eucarística,** comienza con el Ofrecimiento del pan y el vino y termina cuando el sacerdote levanta el cáliz y la patena y dice:

Por Cristo, con Él y en Él, a Ti, Dios, Padre omnipotente, en la unidad del Espíritu Santo, todo honor y toda gloria por los siglos de los siglos. *Amén.*

La cuarta parte es el **Rito de la Comunión,** que comienza con la oración del Padrenuestro y termina con la Comunión del pueblo.

La parte final de la Misa es el **Rito de conclusión,** que termina cuando el sacerdote da la bendición y nos dice:

En el nombre del Señor, podéis ir en paz.

RITO INICIAL

Comienza la Misa y nos ponemos de pie. El sacerdote sale de la sacristía y se arrodilla ante el Sagrario. Después se sitúa en el altar, lo besa y dice:

En el nombre del Padre y del Hijo y del Espíritu Santo. *Amén.*
El Señor esté con vosotros.

Nosotros hacemos la señal de la Cruz y respondemos: Y con tu espíritu.

Después de este saludo inicial comienza el acto penitencial, en el que el sacerdote nos invita a pensar en nuestros pecados y pedir perdón por ellos:

Hermanos, para celebrar dignamente estos sagrados misterios, reconozcamos nuestros pecados.

Tras unos instantes, rezamos el *Yo, pecador:*

Yo confieso ante Dios todopoderoso
y ante vosotros, hermanos,
que he pecado mucho de pensamiento,
palabra, obra y omisión.
Por mi culpa, por mi culpa, por mi gran culpa.
Por eso ruego a Santa María, siempre Virgen,
a los ángeles, a los santos y a vosotros, hermanos,
que intercedáis por mí ante Dios, Nuestro Señor.

De tú a Tú con Jesús

Jesús, el otro día me enfadé con mamá y le di una mala contestación. También dije una mentirijilla a la profe… ¿Me perdonas?

Al reconocer tus pecados, arrepentirte de haberlos cometido y pedir perdón, tu corazón se prepara para recibir a Jesús. Él te perdona de todo corazón, como lo hace tu madre cuando reconoces lo que has hecho mal.

De tú a Tú con Jesús

Te pido perdón, Jesús, desde el fondo de mi corazón. ¿Sabes qué?, ¡estoy muy contento, porque sé que me has perdonado!

Ha llegado el momento de mirar al Cielo y recitar el *Gloria:*

Gloria a Dios en el Cielo, y en la tierra, paz a los hombres que ama el Señor. Por tu inmensa gloria te alabamos, te bendecimos, te adoramos, te glorificamos, te damos gracias, Señor Dios, Rey celestial, Dios Padre todopoderoso, Señor, Hijo único, Jesucristo.

Señor Dios, Cordero de Dios, Hijo del Padre, Tú que quitas el pecado del mundo, ten piedad de nosotros; Tú que quitas el pecado del mundo, atiende nuestra súplica; Tú que estás sentado a la derecha del Padre, ten piedad de nosotros; porque solo Tú eres Santo; solo Tú, Señor; solo Tú, Altísimo Jesucristo, con el Espíritu Santo en la gloria de Dios Padre. Amén.

Al decir estas palabras, piensa que a tu lado está tu Ángel de la Guarda y todos los ángeles en el Cielo. Y, ¡fíjate!, unes tu voz a la del Papa, a la de todos los cristianos del mundo entero y a la de todas las personas de buena voluntad en todos los países de los cinco continentes. Y también te unes, en este canto de alabanza a Dios, a todos los animales de la tierra y los océanos.

De tú a Tú con Jesús

Jesús, quiero quererte mucho, ¡cada día más!

LITURGIA DE LA PALABRA

Una vez que hemos pedido perdón, el sacerdote extiende los brazos y nos dice: Oremos.

Entonces reza una oración en la que pide al Señor por todos los cristianos. Cuando termina, nos sentamos para escuchar las lecturas.

De tú a Tú con Jesús

Jesús, me voy a esforzar para escuchar atentamente las lecturas, sin distraerme pensando en otras cosas o mirando a un lado y a otro.

Normalmente, uno de los asistentes a la Misa lee un pasaje del Antiguo Testamento. Al terminar dice: Palabra de Dios, y contestamos: Te alabamos, Señor. Después lee un salmo que repetimos todos.

Los domingos hay una segunda lectura que suele ser alguna de las cartas de los Apóstoles a los primeros cristianos. Al acabar, la persona que ha leído reza o canta el Aleluya.

De tú a Tú con Jesús

Jesús, me han contado que, cuando Tú eras pequeño, la Virgen te leía estos salmos tan bonitos. ¡Seguro que al oírnos recitando este te pones muy contento!

A continuación, el sacerdote lee un pasaje de uno de los cuatro Evangelios. Mientras hace la señal de la Cruz sobre el Evangelio, se persigna y dice:

Lectura del santo Evangelio según san (Lucas, Juan, Mateo o Marcos).

Los asistentes a la Misa hacemos también la señal de la Cruz y decimos: Gloria a Ti, Señor.

Cuando termina de leer el Evangelio, el sacerdote dice: Palabra del Señor. Entonces, todos contestamos: Gloria a Ti, Señor Jesús.

Después el sacerdote pronuncia la homilía, en la que nos da buenos consejos para que vivamos como buenos cristianos.

De tú a Tú con Jesús

Jesús, me ha gustado mucho oír lo que hacías y lo que decías cuando estabas en la tierra. ¡Yo quiero ser como Tú! Por eso voy a poner en práctica el consejo que nos ha dado el sacerdote. ¡Estoy muy contento, seguro que Tú también!

Terminada la homilía, rezamos el *Credo:*

Creo en Dios, Padre todopoderoso,
creador del cielo y de la tierra.
Creo en Jesucristo, su único Hijo,
Nuestro Señor, que fue concebido
por obra y gracia del Espíritu Santo,
nació de Santa María Virgen,
padeció bajo el poder de Poncio Pilato,
fue crucificado, muerto y sepultado,
descendió a los infiernos,
al tercer día resucitó de entre los muertos,
subió a los Cielos y está sentado
a la derecha de Dios, Padre todopoderoso.
Desde allí ha de venir a juzgar
a vivos y muertos.
Creo en el Espíritu Santo,
la Santa Iglesia católica,
la comunión de los santos,
el perdón de los pecados,
la resurrección de la carne
y la vida eterna. Amén.

De tú a Tú con Jesús

Jesús, me cuesta un poco aprenderme el Credo de memoria, porque es muy largo. ¡Pero merece la pena!, porque, cuando rezo esta oración, te digo que creo en todo lo que nos has enseñado.

Cuando terminamos de rezar el Credo, rezamos la oración de los fieles para pedir por distintas necesidades.

Aprovecha este momento para pedirle a Dios por tu familia y por aquellos que sufren. También puedes pedirle que te ayude con esa asignatura que te cuesta un poquito más.

¡Puedes pedir a Dios todo lo que quieras! ¡No te canses nunca de pedirle! Hazlo con todo tu corazón, sabiendo que Él te escucha y quiere ser generoso.

De tú a Tú con Jesús

Jesús, sé que me quieres y que has escuchado lo que te he pedido. Desde el fondo de mi corazón, confío en Ti. ¡Muchas gracias por ayudarme!

Hasta este momento has pedido perdón por tus faltas, te has unido al coro de los ángeles para rezar el Gloria y has escuchado atentamente las lecturas.

También has confirmado tu fe al recitar el Credo y has pedido a Dios por tus necesidades y por las del resto de los miembros de la gran familia que conforma la Iglesia.

Y así has preparado tu cabeza y, sobre todo, tu corazón para vivir con Jesús ese momento tan especial que fue la Última Cena y recibirlo dentro de ti.

LITURGIA EUCARÍSTICA

Esta parte de la Misa comienza con el Ofertorio, cuando el sacerdote ofrece el pan y el vino a Dios diciendo:

> Bendito seas, Señor, Dios del universo, por este pan, fruto de la tierra y del trabajo del hombre, que recibimos de tu generosidad y ahora te presentamos; él será para nosotros pan de vida.

Nosotros contestamos: Bendito seas por siempre, Señor.

Después el sacerdote mezcla el vino con unas gotas de agua en el cáliz y dice:

> Bendito seas, Señor, Dios del universo, por este vino, fruto de la vid y del trabajo del hombre, que recibimos de tu generosidad y ahora te presentamos; él será para nosotros bebida de salvación.

Todos respondemos:
Bendito seas por siempre,
Señor.

Desde el centro del altar, el sacerdote abre los brazos y dice:

Orad, hermanos, para que este sacrificio, mío y vuestro, sea agradable a Dios, Padre todopoderoso.

Y nosotros nos ponemos de pie y respondemos:

El Señor reciba de tus manos este sacrificio, para alabanza y gloria de su Nombre, para nuestro bien y el de toda su santa Iglesia.

La Plegaria eucarística comienza con una oración que se llama *Prefacio,* que nos invita a prepararnos para el gran misterio que va a ocurrir: el pan y el vino se convertirán en el Cuerpo y en la Sangre de Nuestro Señor Jesucristo.

El sacerdote dice: El Señor esté con vosotros.

Nosotros respondemos: Y con tu espíritu.

El sacerdote dice: Levantemos el corazón.

Nosotros respondemos: Lo tenemos levantado hacia el Señor.

El sacerdote dice: Demos gracias al Señor, nuestro Dios.

Nosotros respondemos: Es justo y necesario.

El texto del Prefacio varía según los días y termina siempre con estas palabras:

Santo, Santo, Santo es el Señor, Dios del universo. Llenos están el Cielo y la tierra de tu gloria. Hosanna en el Cielo. Bendito el que viene en nombre del Señor. Hosanna en el Cielo.

De tú a Tú con Jesús

Jesús, mi corazón está lleno de buenos sentimientos y deseos de querer, cada día más, a los demás. Sé que Tú me miras con amor y me ayudas.

Ha llegado el momento de la Consagración, ¡el Señor está a punto de llegar! Todos nos arrodillamos y guardamos un profundo silencio mirando hacia el altar. El sacerdote, con las manos extendidas, dice:

Santo eres en verdad, Señor, fuente de toda santidad; por eso te pedimos que santifiques estos dones con la efusión de tu Espíritu, de manera que se conviertan para nosotros en el Cuerpo y la Sangre de Jesucristo, nuestro Señor. El cual, cuando iba a ser entregado a su Pasión, voluntariamente aceptada, tomó pan, dándote gracias lo partió y lo dio a sus discípulos diciendo:

En este momento el sacerdote se inclina un poco para decir las mismas palabras que dijo Jesús a sus Apóstoles en la Última Cena:

Tomad y comed todos de Él, porque esto es mi Cuerpo, que será entregado por vosotros.

El sacerdote eleva la Sagrada Forma, que ya es sacramental y verdaderamente el Cuerpo de Cristo, y hace una genuflexión adorando a Jesús.

A continuación toma en sus manos el cáliz, que contiene vino con unas gotitas de agua, y dice:

Tomad y bebed todos de Él, porque este es el cáliz de mi Sangre, sangre de la Alianza nueva y eterna, que será derramada por vosotros, y por muchos, para el perdón de los pecados. Haced esto en conmemoración mía.

Después, eleva el cáliz para que lo adoremos.

¡El Señor ya está en el altar! No lo ves, pero está de una manera que se llama *sacramental,* bajo las apariencias del pan y del vino. Tienes la gran suerte de haber participado en el milagro de la llamada *Transubstanciación:* lo que era pan es ahora el Cuerpo de Jesús y lo que era vino es ahora su Sangre.

De tú a Tú con Jesús

Aunque no te vea, Señor, sé que estás aquí, con tu Cuerpo, tu Sangre, tu Alma y tu Divinidad. Quiero recibirte en la comunión. ¡Te quiero mucho, Jesús!

Tras el milagro de la Eucaristía, el sacerdote continúa diciendo:

Así pues, Padre, al celebrar ahora el memorial de la muerte y resurrección de tu Hijo, te ofrecemos el pan de vida y el cáliz de salvación, y te damos gracias porque nos haces dignos de servirte en tu presencia.

Te pedimos humildemente que el Espíritu Santo congregue en la unidad a cuantos participamos del Cuerpo y la Sangre de Cristo.

Acuérdate, Señor, de tu Iglesia, extendida por toda la tierra; y con el Papa (dice el nombre del Papa), con nuestro Obispo (dice el nombre del Obispo) y todos los pastores que cuidan de tu pueblo, llévala a su perfección por la caridad.

Acuérdate también de nuestros hermanos que durmieron en la esperanza de la resurrección, y de todos los que han muerto en tu misericordia; admítelos a contemplar la luz de tu rostro.

Ten misericordia de todos nosotros, y así, con María, la Virgen Madre de Dios, su esposo San José, los Apóstoles y cuantos vivieron en tu amistad a través de los tiempos, merezcamos, por tu Hijo Jesucristo, compartir la vida eterna y cantar tus alabanzas.

Sabiendo que Jesús te escucha, pídele de nuevo que ayude y proteja al Papa y a tus padres y hermanos.

Pídele también por tus profesores y por todos tus seres queridos que ya dejaron de vivir en la tierra.

No pierdas de vista que, en este momento, estás delante de Dios, que está en el altar, desde donde te mira con todo el cariño del mundo.

De tú a Tú con Jesús

¡Qué alegría siento en mi corazón al saberte tan cerca, Jesús! La Virgen, San José y el Ángel de la Guarda también están junto a mí, y sé que me protegen para que no me pase nada malo.

La tercera parte de la Misa, la Liturgia eucarística, termina con esta oración tan bonita, que proclama el sacerdote mientras eleva el cáliz y la patena:

Por Cristo, con Él y en Él, a Ti, Dios Padre omnipotente, en la unidad del Espíritu Santo, todo honor y toda gloria, por los siglos de los siglos. Amén.

RITO DE LA COMUNIÓN

Cuando los Apóstoles pidieron a Jesús que les enseñara a orar, Él rezó el *Padrenuestro,* una oración preciosa:

Padre nuestro, que estás en el Cielo,
santificado sea tu nombre;
venga a nosotros tu Reino;
hágase tu voluntad
en la tierra como en el Cielo.

Danos hoy nuestro pan de cada día;
perdona nuestras ofensas,
como también nosotros perdonamos
a los que nos ofenden;
no nos dejes caer en la tentación,
y líbranos del mal. Amén.

RITO DE LA PAZ

Con el Padrenuestro te preparas para recibir a Jesús en la comunión. Cuando lo reces, hazlo despacio, saboreando cada palabra. Piensa que, mientras lo rezamos, los asistentes a la Misa nos unimos en una sola voz, en compañía de Dios Hijo, para dirigirnos a Dios Padre, nuestro Padre. Todos formamos parte de la Iglesia, esa gran familia de Dios, y nos dirigimos a Él con el deseo de ser buenos hijos.

De tú a Tú con Jesús

Jesús, ¡cómo me hubiera gustado escucharte cuando enseñaste el Padrenuestro a los Apóstoles! ¿Sabes? ¡Me da mucha alegría saber que soy hijo de Dios!

Hemos terminado el Padrenuestro rogando a Dios que nos libre del mal, o sea, del pecado, y ahora también le vamos a pedir la paz.

El sacerdote dice:

Líbranos, Señor, de todos los males
y concédenos la paz en nuestros días,
para que, ayudados por tu misericordia,
vivamos siempre libres de pecado
y protegidos de toda perturbación,
mientras esperamos la gloriosa venida
de nuestro Salvador Jesucristo.

Y nosotros respondemos:

Tuyo es el reino,
tuyo el poder y la gloria,
por siempre, Señor.

Cuando el Señor resucitó, fue a saludar a los Apóstoles, pero no los riñó por haberlo abandonado en la cruz. Al ver a Jesús resucitado, los Apóstoles le pidieron perdón y Él les dio la paz.

En este momento de la Misa, Jesús hace lo mismo contigo: te da la paz, y tú se la ofreces a los demás.

El sacerdote reza:

Señor Jesucristo, que dijiste a tus Apóstoles: «La paz os dejo, mi paz os doy», no tengas en cuenta nuestros pecados, sino la fe de tu Iglesia, y, conforme a tu palabra, concédele la paz y la unidad. Tú que vives y reinas por los siglos de los siglos. *Amén.*

La paz del Señor sea siempre con vosotros. Daos fraternalmente la paz.

Ahora debes ofrecer la paz a las personas que se encuentren cerca de ti. Da un beso a tus padres y hermanos, y estrecha la mano de las personas que están a tu alrededor mientras dices: La paz sea contigo.

De tú a Tú con Jesús

Jesús, voy a esforzarme por ser menos protestón, sobre todo cuando no consigo lo que quiero. Y además… ¡sonreiré siempre!

Ha llegado el momento de recibir la comunión, de recibir el Cuerpo de Cristo.

Junto al sacerdote, todos decimos:

Cordero de Dios, que quitas el pecado del mundo, ten piedad de nosotros.
Cordero de Dios, que quitas el pecado del mundo, ten piedad de nosotros.
Cordero de Dios que quitas el pecado del mundo, danos la paz.

El sacerdote se prepara para comulgar y nos muestra la Sagrada Forma mientras dice:

Este es el Cordero de Dios, que quita los pecados del mundo. Dichosos los invitados a la cena del Señor.

Entonces respondemos, con humildad y sencillez, las palabras que un día Jesús oyó de los labios de un centurión:

Señor, yo no soy digno de que entres en mi casa, pero una palabra tuya bastará para sanarme.

Después de que el sacerdote haya comulgado, baja del altar y da la comunión. Recuerda que debes sentirte muy agradecido: ¡Jesús viene a ti, y esa es una gran suerte!

Mientras estás en la fila, pide a la Virgen que te ayude a recibir a Jesús tal como Ella lo hizo. Puedes rezar esta oración tan bonita:

Yo quisiera, Señor, recibirte con aquella pureza, humildad y devoción con que te recibió tu Santísima Madre; con el espíritu y fervor de los santos.

Cuando el sacerdote te ofrece la Sagrada Forma, te dice: El Cuerpo de Cristo, y tú debes responder: Amén. Al volver a tu asiento, piensa que estás viviendo un momento único y muy especial. Estás con tu mejor amigo, con quien más te quiere. Dile, una vez más, ¡no te canses!, que le quieres y deseas ser su amigo, y dale gracias de todo corazón porque ha querido venir a ti. Pídele por tus seres queridos y ruégale que te dé fuerzas para que siempre hagas lo que a Él le alegra.

De tú a Tú con Jesús

Gracias, Jesús, sé que Tú vives dentro de mí. Ayúdame para que siempre te reciba con un corazón lleno de buenos deseos y limpio de pecado. ¡Te quiero!

RITO DE CONCLUSIÓN

El sacerdote guarda unos minutos de silencio. Después nos da la bendición y nos dice:

En el nombre del Señor, podéis ir en paz.

La Santa Misa ha terminado. Presta atención a cómo te sientes al salir de la iglesia, ¡verás que eres muy feliz!

Cuando vuelvas a tus juegos, a tus estudios y tareas, en tu día a día, durante la próxima semana, acuérdate de que has vivido con Jesús la Santa Misa, de que lo has recibido en la comunión y de que Él te acompaña siempre.

De tú a Tú con Jesús

Muchas gracias, Jesús, por tu amistad. Quiero que sepas que deseo portarme bien y vivir con la alegría de saberte a mi lado.

VESTIDURAS SAGRADAS

Para celebrar la Santa Misa, el sacerdote lleva estas vestiduras sagradas, que tienen un significado especial:

Alba   Vestidura blanca con mangas que los sacerdotes se ponen sobre su ropa y cubriéndose desde el cuello hasta los pies. El color blanco significa la dignidad del sacerdote.

Casulla   Vestidura de diferentes colores dependiendo de los tiempos litúrgicos que se celebren. Es un recuerdo de la capa con que adornaron el cuerpo de Jesús.

Cíngulo   Cinta o cordón blanco que se pone en la cintura. Simboliza la pureza interior del sacerdote.

Estola   Banda de tela que el sacerdote se pone en el cuello, encima del alba. Recuerda la soga con la que llevaron preso a Jesús.

TIEMPOS Y COLORES LITÚRGICOS

La Iglesia quiere que, a lo largo del año, los cristianos recordemos la vida de Jesús, desde su Nacimiento, su Muerte y Resurrección, y su Ascensión al Cielo, hasta Pentecostés, día en que cumplió la promesa que hizo a los Apóstoles de enviarles el Espíritu Santo.

El año litúrgico comienza con el **Tiempo de Adviento,** que abarca las cuatro semanas anteriores a la Navidad, en las que los cristianos nos preparamos para recibir con todo nuestro cariño al Niño Jesús, que va a nacer en Belén.

La casulla que usa el sacerdote durante esta época es **morada,** color que representa el deseo de pedir perdón por los pecados, de limpiar nuestra alma.

Después del Adviento llega el **Tiempo de Navidad.** Desde Nochebuena hasta la fiesta del Bautismo de Jesús, después de Reyes, la Iglesia nos invita a celebrar la alegría del Cielo y de la tierra por que el Hijo de Dios se ha hecho hombre. Durante este tiempo verás al Niño Jesús nacer en Belén y huir a Egipto, conocerás al joven Jesús en Nazaret, en la Sagrada Familia y trabajando en el taller con San José, y vivirás el comienzo de su manifestación al mundo, con su Bautismo en el Jordán.

Es tiempo de alegría y de paz. La casulla del sacerdote es de color **blanco.** Cuando pongas el belén en casa, ¡hazlo con mucho cariño y dedicación! ¡Va a nacer el mejor hermano que podías tener! ¡Canta muchos villancicos para decirle al Niño Jesús que estás muy contento de tenerlo en tu casa y en tu corazón!

Cuando termina la Navidad hay unas semanas de **Tiempo Ordinario** y después comienza, con el Miércoles de Ceniza, el llamado **Tiempo de Cuaresma.** Durante este periodo la Iglesia nos recuerda los cuarenta días de oración y penitencia que Jesucristo pasó en el desierto, y nosotros, los cristianos, nos preparamos para vivir más unidos a Él, con más oración y sacrificios. El color de la casulla es **morado.**

Durante estas semanas recordamos especialmente que Jesucristo se sacrificó por nosotros.

Durante el Tiempo de Cuaresma, puedes ofrecer a Jesús cosas que te cuesten, como estudiar más, no enfadarte con tus hermanos, no ser caprichoso… ¡Te hará mucho bien!

Con el Domingo de Ramos empieza el **Tiempo de Semana Santa.** Durante una semana vas a vivir, día a día, la Pasión del Señor, desde su entrada en Jerusalén, el Domingo de Ramos, hasta su muerte y sepultura, el Viernes Santo.

El Jueves Santo la Iglesia celebra la institución de la Eucaristía, de la Santa Misa. El sacerdote lava los pies a unos hombres recordando que Cristo lavó, ese mismo día, los pies a los Apóstoles.

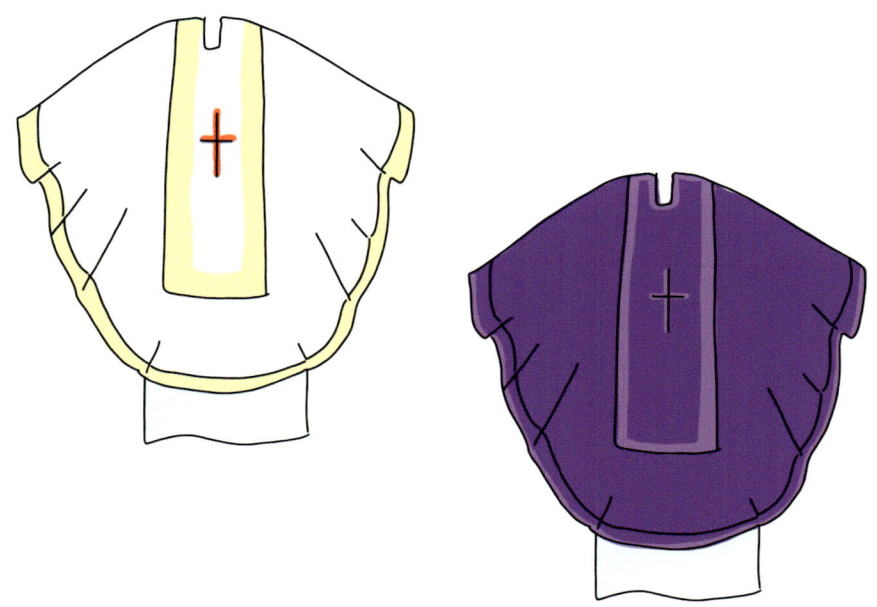

El Viernes Santo no se celebra la Santa Misa, hay unas ceremonias de adoración a la Santa Cruz y lecturas de la Pasión, que se llaman los Oficios de Viernes Santo.

El sacerdote celebra la Misa del Domingo de Ramos con casulla **blanca,** y las Misas del lunes, martes y miércoles con casulla **morada.** El Jueves Santo lleva una casulla **blanca,** y el Viernes Santo, de color **rojo,** por la muerte de Jesús.

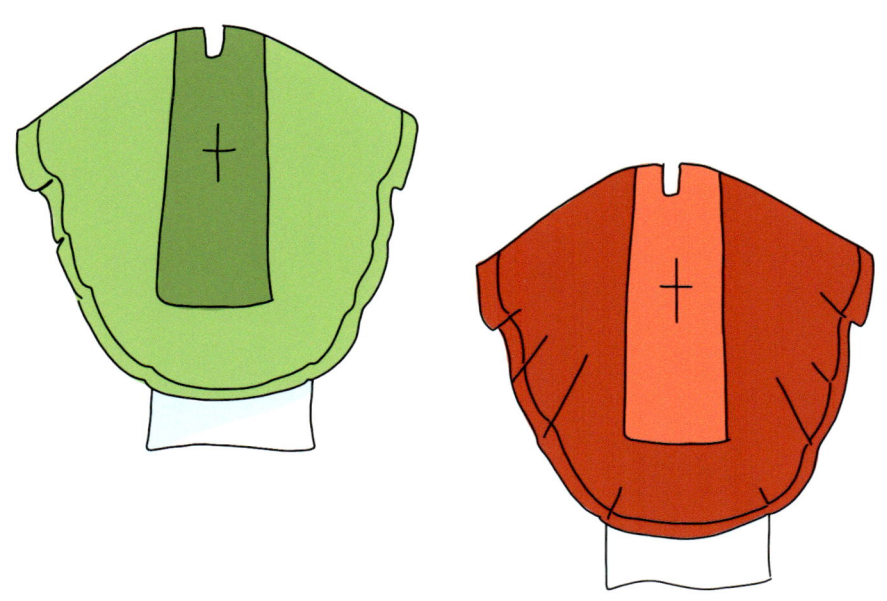

Con la celebración de la Resurrección de Cristo, en la noche entre el sábado y el domingo, comienza el **Tiempo de Pascua,** que abarca cincuenta días. En este periodo los cristianos celebramos la Resurrección de Jesús, y también su Ascensión al Cielo y la venida del Espíritu Santo a los Apóstoles en Pentecostés.

Es tiempo de gozo y de acción de gracias, porque celebramos el triunfo de Jesús. Esos días no debemos estar tristes, ni enfadados con nadie.

Durante el Tiempo de Pascua el sacerdote utiliza la casulla **blanca,** y el Domingo de Pentecostés, la casulla **roja.**

El resto del año la Iglesia vive lo que se llama el **Tiempo Ordinario,** que abarca treinta y cuatro semanas distribuidas en dos momentos. El primero va desde el final del Tiempo de Navidad hasta el comienzo del Tiempo de Cuaresma. El segundo, desde el final del Tiempo de Pascua hasta el comienzo del Tiempo de Adviento.

SALIDA

ADVIENTO

NAVIDAD

TIEMPO ORDINARIO

CUARESMA

DOMINGO DE RAMOS

JUEVES SANTO

VIERNES SANTO

El Tiempo Ordinario termina con la fiesta de Cristo Rey, y durante los meses que dura celebramos fiestas muy importantes.

El sacerdote se reviste con casulla **verde** todos los domingos y muchos días de la semana y con casullas de otros colores según sean las Misas que se celebren cada día.

TIEMPO ORDINARIO

CRISTO REY

PASCUA

PENTECOSTES

OBJETOS LITÚRGICOS

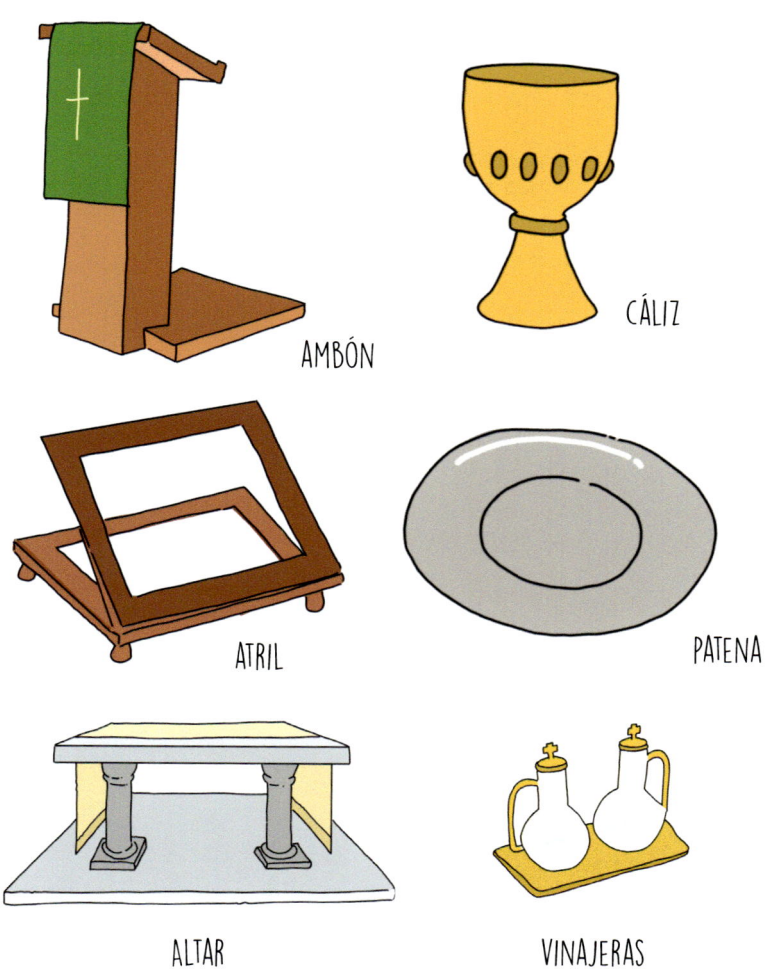

AMBÓN

CÁLIZ

ATRIL

PATENA

ALTAR

VINAJERAS

PURIFICADOR

PALIA

CORPORAL

COPÓN

CAMPANILLA

BANDEJA

MISAL

SAGRARIO

ÍNDICE